커다란 당나귀 귀를 감추고 지낸 임금님,

대나무 숲에 쏴아쏴아 바람이 일면

임금님의 비밀이 들려왔대요.

글 | 이장원

이화여자대학교에서 정치외교학을 공부했고, 출판사와 방송국에서 일했습니다.
글쓰기와 책 만드는 일이 좋아 계속 그 길을 탐색하고 있습니다.
아이가 다 자라고 난 뒤 새삼스레 어린이책의 세계에 빠져 들어 그 깊은 울림과 아름다움에
공명하고 있습니다. 이 이야기를 쓰면서 우리 역사에 담긴 겹겹의 상징과 교훈을 배울 수 있어
고맙게 여깁니다.

그림 | 이광익

서울에서 태어나 대학에서 시각 디자인을 공부했습니다. 지금은 파주에 살면서 어린이책 그림 작업에
힘쓰고 있습니다. 그린 책으로 《과학자와 놀자》《홍길동전》《나비를 따라갔어요》《구스코부도리의 전기》
등이 있습니다. 이 책의 그림은 전래 동화적 요소보다는 《삼국유사》 속 인물의 무게감을 잘 살리기 위해
오일 파스텔과 과슈로 작업했습니다.

감수 | 윤선태

서울대학교 국사학과를 졸업하고, 같은 학교 대학원에서 한국 고대사를 전공하여 박사 학위를 받았습니다.
충남대학교, 한신대학교를 거쳐 지금은 동국대학교 사범대학 역사교육과 교수로 있습니다.
지은 책으로는 《목간이 들려주는 백제 이야기》《한국 고대 중세고문서 연구》(공저) 등이 있습니다.

탄탄 샘솟는 삼국유사 임금님 귀는 당나귀 귀

펴낸이 김동휘 | 펴낸곳 여원미디어(주) | 주소 경기도 파주시 회동길 130(문발동) 탄탄스토리하우스
출판등록 제406-2009-0000032호 | 고객상담실 080-523-4077 | 홈페이지 www.tantani.com
글 이장원 | 그림 이광익 | 감수 윤선태 | 기획 아우라, 이상임 | **총괄책임** 김수현 | **편집장** 이정희 | 기획 편집 최순영, 김희선
디자인기획 여는 | 아트디렉터 김혜경, 이경수 | 디자인 이희숙, 정혜란, 김윤신 | 사진진행 시몽 포토에이전시
제작책임 정원성

판매처 한국가드너(주) | 김미영, 오영남, 전은정, 김명희, 이정희

ⓒ여원미디어 2008 ISBN 978-89-6168-156-8 ISBN 978-89-6168-209-1(세트)

※이 책은 저작권법에 따라 보호받는 저작물이므로, 무단으로 이 책 내용의 전부 또는 일부를 복사, 복제, 배포하거나 전산장치에 저장할 수 없습니다.
⚠ 주의 1. 책 모서리가 날카로워 다칠 수 있으니 사람을 향해 던지거나 떨어뜨리지 마십시오. 2. 보관 시 직사광선이나 습기 찬 곳은 피해 주십시오.

임금님 귀는 당나귀 귀

원작 일연 | 글 이장원 | 그림 이광익

여원◆미디어

신라의 47대 헌안왕 때 '응렴'이란 화랑이 있었어요.
응렴은 43대 희강왕의 손자였어요.
그는 열여덟 살에 화랑도의 지도자가 되어
온 나라를 두루 돌면서 몸과 마음을 수련했어요.
수많은 낭도들이 따를 정도로 의젓하고 뜻이 컸답니다.

몇 해 뒤, 응렴은 헌안왕이 마련한 궁궐의 잔치에 참석했어요.
왕은 뛰어난 화랑인 응렴을 일찍부터 눈여겨보고 있었어요.
왕이 응렴에게 물었어요.
"그동안 나라의 곳곳을 다니며 많은 것을 보고 배웠다고 들었네.
무엇을 깨달았는지 한번 말해 보게."
"예, 뜻 깊은 행실을 보인 세 사람에게 깊은 감동을 받았습니다.
첫째는 신분이 높으면서도 자기를 앞세우지 않고 남의 밑에 있는 사람이고,
둘째는 부자이면서도 검소하고 옷차림이 소박한 사람이고,
셋째는 큰 힘을 갖고 있으면서도 그 힘으로
남을 괴롭히지 않은 사람입니다."

헌안왕은 그 대답을 듣고 흐뭇하게 여겼어요.
'역시 생각한 대로 뜻이 깊은 젊은이로군.
나라의 장래를 맡겨도 좋을 만큼 믿음직해 보이는걸.'
왕이 응렴의 손을 꼭 잡고 말했어요.
"나에게 딸이 둘 있는데, 둘 가운데 자네 마음에 드는
아이를 아내로 삼아 주게."
응렴은 뜻밖의 분부에 놀라서
집으로 돌아와 부모님께 여쭈었어요.
부모님은 크게 기뻐하며 말했어요.
"두 공주 중 작은공주가 무척 착하고 예쁘다더라.
혼인하려면 아무래도 아름다운 작은공주와 하는 게 좋지 않겠느냐?"
하지만 응렴은 마음을 정하기 어려웠어요.

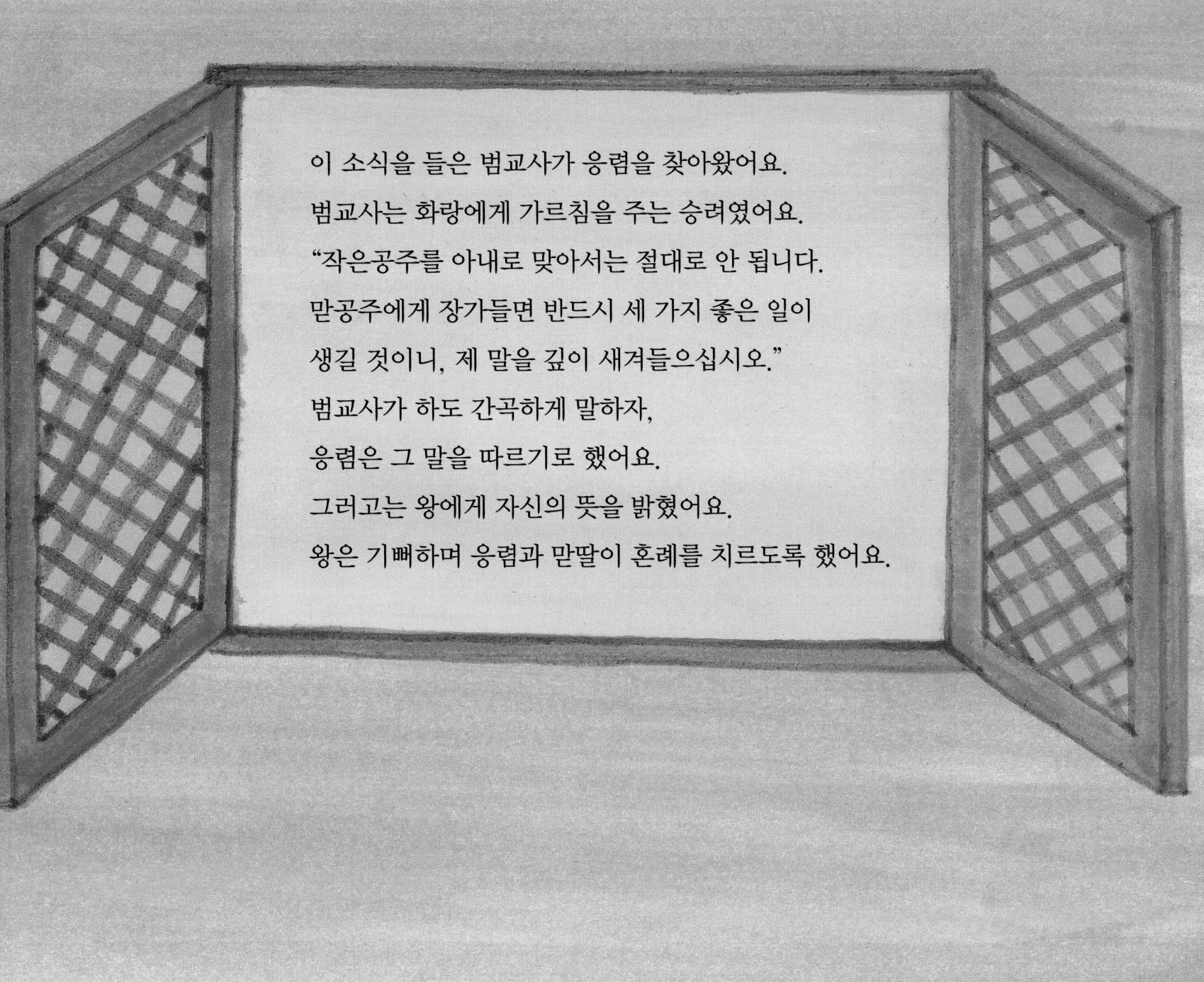

이 소식을 들은 범교사가 응렴을 찾아왔어요.
범교사는 화랑에게 가르침을 주는 승려였어요.
"작은공주를 아내로 맞아서는 절대로 안 됩니다.
맏공주에게 장가들면 반드시 세 가지 좋은 일이
생길 것이니, 제 말을 깊이 새겨들으십시오."
범교사가 하도 간곡하게 말하자,
응렴은 그 말을 따르기로 했어요.
그러고는 왕에게 자신의 뜻을 밝혔어요.
왕은 기뻐하며 응렴과 맏딸이 혼례를 치르도록 했어요.

그런데 얼마 뒤 헌안왕이 큰 병으로 앓아누웠어요.
왕은 신하들을 모아 놓고 말했어요.
"내게 아들이 없으니, 내가 죽은 뒤에는
마땅히 사위인 응렴이 왕위를 이을 것이다!"
곧 왕은 세상을 떠났고, 왕의 뜻에 따라 응렴이 새 왕이 되었어요.
바로 신라의 48대 경문왕이지요.
몇 해가 지나 경문왕은 작은공주도 아내로 맞았어요.

경문왕은 범교사를 불러 물어보았어요.
"맏공주와 혼인하면 세 가지 좋은 일이 생길 거라더니, 그게 대체 무엇이오?"
"첫째는 맏공주를 선택해서 왕과 왕비의 마음을 흡족하게 해 드린 것이고,
둘째는 지금처럼 임금님이 될 수 있었던 것이고,
셋째는 작은공주까지 아내로 맞이하게 된 것입니다."
왕은 지혜로운 범교사에게 큰 벼슬과 함께 상을 주었어요.

경문왕은 왕의 자리에 오르기는 했지만,
그 자리가 편하고 좋지만은 않았어요.
왕은 젊은 화랑들과 새로운 귀족들을 중심으로 나랏일을 의논했어요.
중요한 나랏일에서 물러나게 된 예전의 귀족들은 왕이 못마땅했어요.
왕의 자리를 노리는 귀족들이 때때로 까마귀 떼처럼 몰려들어,
왕은 밤잠도 편히 잘 수 없는 나날을 보냈어요.

그러던 어느 날 밤부터인가 경문왕의 침실에
수많은 뱀이 떼를 지어 모여들었어요.
기겁한 신하들이 뱀들을 쫓아내려고 해 한바탕 소란이 일어났지요.
이를 보고 경문왕이 말렸어요.
"곁에 뱀이 있으니 편히 잘 수 있구나. 쫓지 말고 그냥 두어라."
그 뒤로 왕이 잘 때는 뱀들이 가슴을 덮어 주었어요.

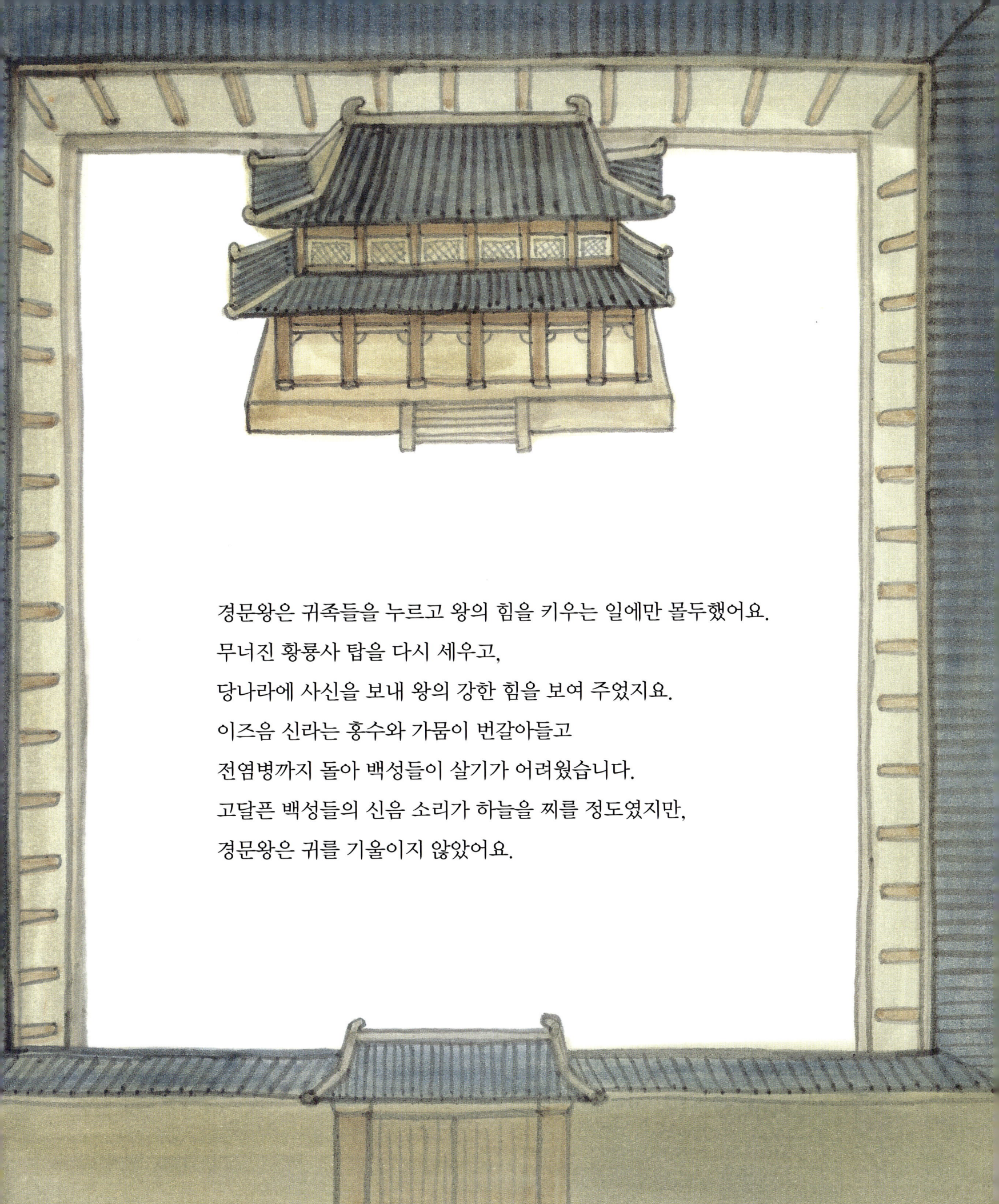

경문왕은 귀족들을 누르고 왕의 힘을 키우는 일에만 몰두했어요.
무너진 황룡사 탑을 다시 세우고,
당나라에 사신을 보내 왕의 강한 힘을 보여 주었지요.
이즈음 신라는 홍수와 가뭄이 번갈아들고
전염병까지 돌아 백성들이 살기가 어려웠습니다.
고달픈 백성들의 신음 소리가 하늘을 찌를 정도였지만,
경문왕은 귀를 기울이지 않았어요.

사실, 경문왕에게는 남모르는 고민이 하나 있었어요.
어느 날 갑자기 귀가 길어지는가 싶더니,
점점 당나귀 귀처럼 길게 늘어나
이제는 한눈에 알아볼 수 있게 되었어요.
왕은 혹시나 누가 알고 흉볼까 걱정했어요.
그래서 아무도 보지 못하도록 귀를
복두로 꾹꾹 눌러쓰고 지냈어요.

이 일을 궁궐 안에서는 아무도 몰랐지만,
왕의 복두를 만드는 복두장이만은 알고 있었어요.
경문왕은 복두장이에게 엄하게 명령했어요.
"내 귀에 대해 이러쿵저러쿵 말이 나면
네게 그 죄를 물을 테니, 입 조심을 하여라."
복두장이는 겁이 나서 누구에게도 그 얘기를 하지 못했어요.
평생 그 비밀을 남몰래 품고 지내자니 가슴이 갑갑하고 입이 근질거렸지만,
그때마다 꾹꾹 참곤 했어요.
복두장이의 가슴속은 커다란 돌덩이가 누르고 있는 듯했어요.

복두장이가 나이가 들어 죽을 날이 멀지 않았어요.
어느 날 그는 도림사라는 절을 찾아갔어요.
절 뒤편의 대나무 숲에 들어가 큰 소리로 외쳤어요.

"임금님 귀는 당나귀 귀!"
　　　"임금님 귀는 당나귀 귀!"

복두장이는 수십 년 묵은 체증이 쑥 내려가듯 속이 후련했어요.
얼마 뒤, 그는 편안한 얼굴로 세상을 떠났지요.

그 뒤로 바람이 불 때마다 대나무 숲에서 이상한 소리가 들려왔어요.
"임금님 귀는 당나귀 귀!"
"임금님 귀는 당나귀 귀!"

온 나라 사람들이 이 소문을 들었어요.
경문왕은 몹시 화를 냈습니다.
"도림사 대숲의 대나무를 모두 베어 버려라.
그리고 그곳에 산수유나무를 심도록 하여라."
하지만 이게 웬일인가요?
다시 심은 산수유나무 숲에서도
바람이 불 때마다 이런 소리가 들려왔어요.
"임금님 귀는 길기도 하다!"
"임금님 귀는 길기도 하다!"

마침내 경문왕은 깨달았어요.
왕은 복두를 벗어 모두가 볼 수 있도록 길고 커다란 귀를 드러냈어요.
"내가 이 귀로 들어야 할 소리를 제대로 듣지 못했구나.
부끄러운 건 우습게 생긴 귀가 아니라,
백성들의 소리를 듣지 않은 귀라는 것을
이제서야 알겠구나!"
그 뒤로 산수유나무 숲에서는 조용한 바람 소리만 들려왔답니다.

화랑 응렴은 누구일까?

이 이야기의 주인공인 응렴은 화랑이었는데, 47대 헌안왕의 질문에 지혜롭게 대답하여 왕의 마음을 기쁘게 했어. 그래서 헌안왕의 딸인 공주와 결혼하고, 헌안왕이 죽자 맏사위로서 왕의 자리를 잇게 되지. 정말 응렴이 지혜로운 대답만으로 왕이 될 수 있었을까?

물론 그렇다고만 할 수는 없단다. 사실 응렴은 왕족이야. 43대 희강왕의 손자지. 희강왕은 민애왕한테 왕위를 빼앗겼고, 민애왕은 또 신무왕에게 왕위를 빼앗겼단다. 신무왕은 바로 헌안왕의 형이야. 신무왕과 헌안왕은 형제이고, 희강왕과는 사촌인 거지. 응렴은 희강왕의 손자니까 기본적으로 왕이 될 수 있는 왕족이지만, 희강왕이 신무왕·헌안왕과 서로 싸우는 관계여서 현실적으로는 왕이 되기 어려운 상황이었어.

그렇지만 응렴의 아버지인 계명이 헌안왕 때 제일 높은 관직인 시중을 지내고 있었고, 헌안왕에게 아들이 없자 자연스럽게 응렴이 왕위를 계승할 수 있는 왕족으로 주목 받은 것 같아.

그렇지만 아무런 검증 없이 왕족이라는 이유만으로 왕위를 물려줄 수는 없었겠지? 헌안왕은 화랑도의 지도자로 경험을 쌓고 있던 응렴을 불러 그의 됨됨이를 시험한 것이고, 응렴의 대답이 만족스러웠던 것 같아.

그래서 그를 사위로 삼아 왕위를 물려주고자 계획한 것이지.

지금까지의 얘기를 듣자니 뭔가 좀 이상한 게 있지? 응렴의 할아버지 희강왕과 헌안왕이 사촌이라면, 응렴과 헌안왕의 딸도 친척이잖아. 굳이 따지자면 헌안왕의 딸이 응렴의 고모뻘이 되지.

지금은 친척끼리 결혼하는 일이 없지만, 신라 왕족들은 가까운 친척과 결혼하는 경우가 많았어. 그 까닭은 왕족끼리 결혼해야 자신들의 고귀한 혈통을 순수하게 지켜 갈 수 있다고 생각했기 때문이야. 이 점이 신라 왕실의 한 특징이야.

어쨌든 응렴이 헌안왕의 사위가 됨으로서 왕위를 두고 갈라섰던 사촌 형제 집안은 다시 하나가 될 수 있었단다.

> **응렴은 왕족이자 왕의 맏사위였고, 화랑도의 지도자였어. 이런 조건 때문에 응렴은 왕이 될 수 있었지**

경주 월지에 있는 임해전
월지는 태자가 사는 궁궐이자, 왕궁의 연회 장소였다. 《삼국사기》에는 헌안왕이 잔치를 베푼 장소가 임해전이라고 기록되어 있다. 이곳에서 헌안왕이 응렴의 됨됨이를 시험해 본 것이다. 임해전은 월지의 서쪽에 있는 전각으로, 나라의 경사가 있을 때 잔치를 베풀던 곳이다.

특명, 왕의 힘을 키워라!

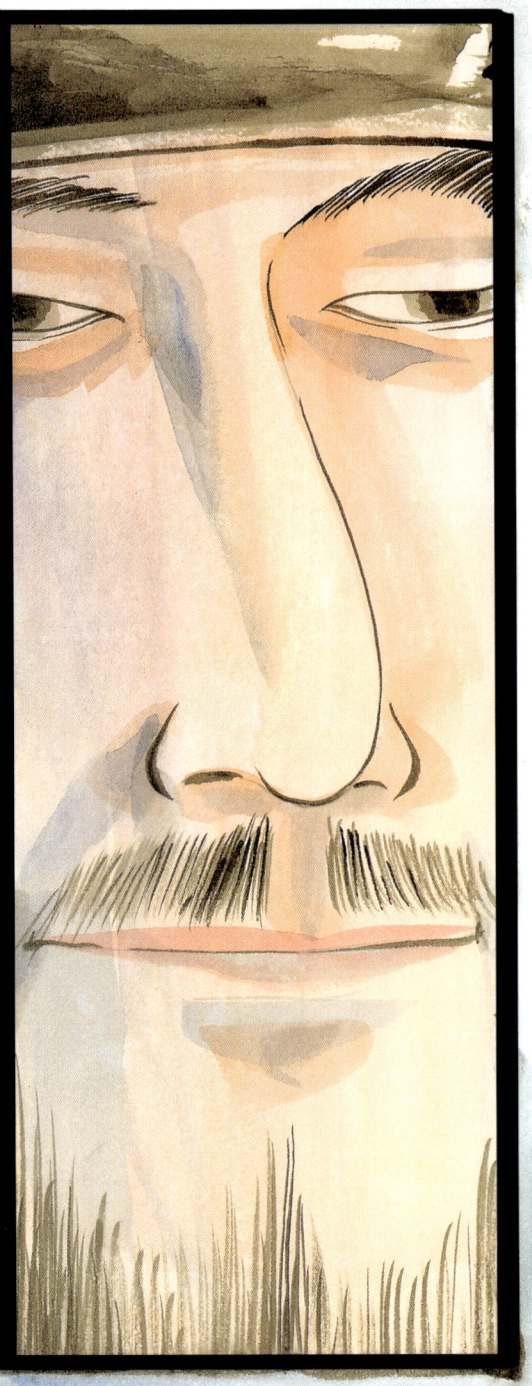

야심만만한 화랑 응렴은 헌안왕의 뒤를 이어 왕이 되었다. 그가 48대 경문왕이다. 경문왕이 풀어야 할 제일 큰 숙제는 어지러운 왕실을 안정시키는 것이었다.

새로 왕이 된 응렴, 즉 경문왕은 어떤 일들을 했을까? 당시 신라는 왕권이 불안정했어. 왕위를 두고 귀족끼리 죽고 죽이는 싸움이 자주 일어났지. 42대 흥덕왕이 죽은 뒤 48대 경문왕이 즉위할 때까지 15년 동안 왕이 무려 다섯 번이나 바뀌었단다. 그런 터라 경문왕은 제일 먼저 왕권을 안정시키려고 했을 거야.

경문왕은 즉위하자마자 38대 원성왕의 명복을 빌던 숭복사를 고쳐 짓고, 할아버지 희강왕을 죽게 한 민애왕을 위해서는 동화사에 석탑을 세웠어. 희강왕과 민애왕, 헌안왕은 모두 원성왕의 자손인데, 이러한 일들을 통해서 원성왕의 후손들을 하나로 단합시켰지. 나아가 경문왕이 원성왕의 후손으로 정당하게 왕위를 계승했다는 것을 보여 줄 수 있었어. 사실 원성왕의 후손들은 언제라도 왕위를 노릴 수 있는 경쟁자들이어서, 이들을 잘 다독거릴 필요가 있었거든.

또 경문왕은 당나라와의 외교 관계에도 신경을 많이 썼단다. 지금도 국제 사회의 인정을 받는 것이 중요하듯이, 당시에도 이웃 나라들의 인정을 받는 것이 왕권에 큰 힘이 되었지.

이러한 바탕 위에서 경문왕은 새로운 정치를 펴고자 했을 거야. "새 술은 새 부대에 담아라."라는 속담이 있듯이 새 정치를 하려면 새로운 세력의 도움이 필요했어.

우리 화랑들이 이제 임금님을 모실 거야. 우리 말이 듣기 싫으면 다 떠나라고!

경문왕은 화랑들과 나랏일을 의논했단다. 화랑을 새로운 정치 세력으로 등용한 거지. 그러니 이야기에 나오는 뱀은 경문왕 주위에 있었던 화랑 세력을 상징하는 동물이라 볼 수 있어.

경문왕의 침실에 뱀이 몰려들었다고 하는 이야기는 견제를 받아 경문왕에게서 멀어진 옛 귀족들이 왕을 비방하기 위해 지어냈을지도 몰라. 어찌 되었건 경문왕은 간신히 신라 왕실의 안정을 되찾았어.

경문왕은 화랑들의 도움으로 누구도 넘볼 수 없는 강력한 힘을 가진 왕이 되어 15년 동안 나라를 다스렸다. 그리고 경문왕의 두 아들과 딸도 그의 뒤를 이어 차례로 왕이 되었다.

> **경문왕은 왕권을 강화하여 어지러운 왕위 다툼을 안정시키고, 왕위를 굳건하게 지키고자 노력했단다**

원성왕의 무덤인 괘릉
숭복사 터가 발굴되면서 가까이에 있던 괘릉이 38대 원성왕의 무덤일 것으로 여겨진다. 신라 말기의 왕들은 대부분 원성왕의 후손이다.

숭복사 터의 3층 석탑
경문왕이 원성왕의 명복을 빌기 위해 고쳐 지은 절로, 지금은 두 개의 탑 일부만 남아 있다.

"귀족인 나를 제쳐 두고 정치를 하겠다니."

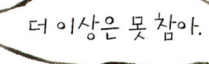

"더 이상은 못 참아."

"우리 없이 잘하는지 두고 보자고!"

화랑들은 경문왕을 도와 나랏일을 이끌어 갔다. 귀족들 대신 화랑들이 경문왕의 귀가 되고 손과 발이 되어 주었다.

 어리석은 임금님의 당나귀 귀

그렇다면 경문왕의 새로운 정치는 성공했을까? 글쎄, 이 이야기의 마지막 부분을 잘 보고 함께 생각해 보자.

경문왕의 귀가 당나귀의 귀처럼 커지잖아? 왜 하필이면 많은 동물 가운데 당나귀의 귀일까? 당나귀의 귀는 길기도 하지만 잘 듣지 못하는 '멍청하고 꽉 막힌 귀'를 뜻한단다.

그런데 재미있게도 이 이야기와 똑 닮은 이야기가 지구 반대편에 있는 나라 그리스에도 있단다. 혹시 미다스 왕이라고 들어 봤니? 손에 닿는 물건마다 황금으로 변했다는 '황금의 손'으로 유명한 왕이지. 미다스 왕의 귀도 당나귀처럼 길었다고 해. 왕의 머리를 깎던 이발사는 이 사실을 알았지만, 사람들에게 말할 수 없었어. 그래서 땅에 구덩이를 파고 "임금님 귀는 당나귀 귀!"라고 말했어. 그런데 나중에 그곳에서 갈대가 자라나 바람이 불 때마다 흔들리면서 "임금님 귀는 당나귀 귀~"라는 소리를 냈지. 그래서 모든 사람들이 미다스 왕의 비밀을 알게 되었어. 어때, 경문왕의 이야기와 아주 비슷하지? 복두장이와 이발사, 대나무와 갈대처럼 약간의 차이만 있을 뿐 거의 같아. 어떻게 된 까닭일까?

신라 왕의 귀가 나랑 닮았군. 신기해.

그리스 신화가 더 오래되었으니까 아마 그리스 신화가 신라로 전해졌을 거야. 당시 신라는 서역과 활발하게 교류하고 있었고, 이러한 교류의 흔적이 곳곳에 남아 있단다. 그렇다면 왜 경문왕에게 이 이야기를 가져다 붙였을까? 이 이야기는 경문왕의 어리석음을 비꼬고 있지. 아마도 경문왕의 왕권 강화와 새로운 정치를 비난하기 위한 이야기일 거야. 이러한 비난은 경문왕을 반대하는 귀족들로부터 나왔을 가능성이 크지만, 이 이야기가 널리 퍼진 것으로 보아 백성들도 같은 마음이었던 걸로 보여. 운이 좋지 않아서인지 경문왕이 다스리던 시대에는 자연재해가 많이 일어났어. 경문왕은 이런 어려움에 처한 백성들을 잘 다스리지 못했던 것 같아. 오히려 경문왕은 왕의 힘을 보여 주기 위해서 백성들을 동원하여 황룡사 탑을 수리하는 등 대규모 공사에 열중했지. 이에 분노한 백성들이 경문왕을 비난하기 위해 이 이야기를 만들어 낸 것은 아닐까?

결국 경문왕은 왕실을 안정시키는 성공을 거두었으나, 그 성공은 빛이 바래고 《임금님 귀는 당나귀 귀》 이야기를 남긴 채 숨을 거두고 말았단다.

> **경문왕의 새로운 정치는 백성들의 어려움을 해결해 주지 못한 채 실패로 끝나고 말았지**

저런 저런!

당나귀 같지 않아?

《그리스 신화》의 미다스 왕
미다스는 부귀영화를 버리고 시골에 살면서 들판의 신인 판의 숭배자가 된다. 어느 날 판은 리라의 신인 아폴론과 음악을 겨루게 되었다. 심판관인 산의 신 트몰로스는 아폴론의 승리를 선언했고, 미다스는 거세게 항의를 했다. 이에 분노한 아폴론은 음악을 들을 줄 모르는 귀라고 그의 귀를 길게 늘여 버렸다.

■■ 부록

역사의 열쇠 1, 2, 3 글 박성현 | 그림 이선민
역사 놀이터 글 김성은 | 그림 이선민

■■ 사진 출처 및 제공처

역사의 열쇠 1 경주 월지에 있는 임해전_연합뉴스
역사의 열쇠 2 괘릉, 숭복사 터의 3층 석탑_시몽포토
역사의 열쇠 3 미다스 왕_타임스페이스

※ 이 책에 사용한 모든 자료의 출처를 밝히기 위해 최선을 다했습니다. 빠지거나 잘못된 점을 알려 주시면 바로잡겠습니다.

■■ 일러두기

· 맞춤법, 띄어쓰기는 국립국어연구원에서 펴낸 〈표준국어대사전〉을 기준으로 삼았습니다.
· 외국 인명, 지명은 국립국어연구원에서 펴낸 〈외래어 표기 용례집〉을 따랐습니다. 단, 중국 지명은 현지음에 따랐습니다.
· 역사 용어는 교육인적자원부에서 펴낸 〈교과서 편수자료〉에 따르되, 어려운 용어는 쉽게 풀어 썼습니다.
· 옛 지명은 ( ) 안에 현재 지명을 함께 적었습니다.
· 연도나 월은 1895년 태양력 사용을 기점으로 이전은 음력으로, 이후는 양력으로 표기했습니다.

▶▶ 역사 놀이터 정답

❶ 화랑도 ❷ 맏공주 ❸ 뱀 ❹ 귀 ❺ 대나무 숲 ❻ 임금님 귀는 당나귀 귀

《임금님 귀는 당나귀 귀》는 《삼국유사》 기이 제2편 〈48 경문대왕〉에 실린 이야기입니다.
'기이'는 신기하고 묘한 일이라는 뜻으로, 기이 편에는 고조선부터 후삼국까지 우리 역사의
뿌리가 되는 나라와 왕들의 신이한 이야기가 실려 있습니다.